JUEGOS MATEMÁTICOS

Colección dirigida por Jean-Luc Caron

7-8 AÑOS

J

Juegos para entrenar las operaciones matemáticas

Jean-Luc Caron

Ilustraciones de Vivilablonde

D1602052

terapiasverdes

ÍNDICE DE NOCIONES

Pequeños tesoros

1 ▶ Escribe sobre la etiqueta la suma de dinero que tiene cada ladronzuelo en su bolsa.

▶ Mini Ladronzuelo y Gran Ladronzuelo juntan su dinero.
Luego transforman sus monedas en billetes.
Rodea el número de billetes que obtienen juntos.
Para ayudarte, puedes rodear las monedas de los dos amigos por grupos de 10 en el ejercicio 1.

▶ Maxi Ladronzuelo y Pequeño Ladronzuelo también reúnen su dinero.
Rodea el número de billetes que obtienen juntos.

▶ Escribe la suma de dinero que poseen juntos los cuatro Ladronzuelos. ....

2 Agrupa las monedas por 10 y luego indica la suma que contiene la bolsa.

.... €

Ahora, colorea los billetes y las monedas para formar la misma suma; tacha los que no necesites.

3 Completa descomponiendo los número en decenas (**d**) y unidades (**u**), como en el ejemplo.

$45 = 4\,d + 5\,u$ $72 = \ldots d + \ldots u$ $28 = \ldots\ldots\ldots\ldots\ldots$

$9 = \ldots\ldots\ldots\ldots\ldots$ $40 = \ldots\ldots\ldots\ldots\ldots$ $91 = \ldots\ldots\ldots\ldots\ldots$

4 Escribe los números, como en el ejemplo.

$9\,d + 2\,u = 92$ $5d + 6u = \ldots\ldots$ $2d + 5u = \ldots\ldots$ $6\,d = \ldots\ldots$

Bingo

En las casillas del bingo, colorea en amarillo los números anunciados por el conejo.

veintiséis · dieciséis · cuarenta y nueve · treinta y seis · diecinueve · cincuenta y seis · sesenta y nueve · trece · cincuenta y ocho · treinta y siete

	13		30		50	60
34	15	23		45	53	
	19		35		57	

10		20			52	64
	27		33	42		67
16		29			59	69

11		25			49	63
	18		32	40	56	
12		26		41		66

14		37		47	51	61
	28		43		54	
21		39		48	55	

	22		36	44		65
17		31	38		58	68
	24			46	62	

Publicidad

1 Colorea cada banderín del color de su avión.

setenta y ocho

sesenta y ocho

noventa y seis

setenta y cinco

sesenta y cinco

ochenta y seis

2 Tacha los dos intrusos.

| setenta y nueve | 6019 | 70 + 9 | 60 + 19 | 79 |

| ochenta y tres | 20 + 20 + 20 + 20 + 3 | 83 | 93 |

| 10 + 10 + 10 + 10 + 10 + 10 + 10 + 10 + 3 | 80 + 3 |

¿Quién soy?

1 Para descubrir quién soy, reúne los números del más grande al más pequeño (a partir del 99). Luego podrás colorearme.

2 Observa y completa.

Si no te has equivocado todas las secuencias terminan por el mismo número. ¿Cuál es? ....

3 Escribe la serie de números pares del 40 al 58.

Escribe la serie de números impares del 71 al 89.

Érase un barquito...

Colorea :
- en **azul** las zonas que corresponden al número 5;
- en **rojo** las zonas que corresponden al número 6;
- en **azul oscuro** las zonas que corresponden al número 7;
- en **violeta** las zonas que corresponden al número 8;
- en **gris** las zonas que corresponden al número 9.

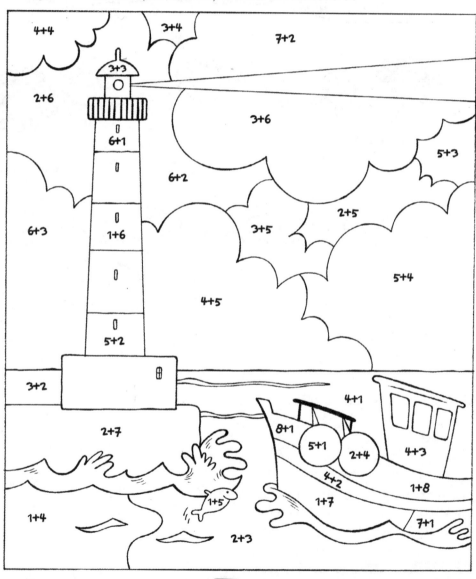

Cocos

▶ Tim y Nana cosechan cocos. En cuanto tienen 10 cocos los meten en una bolsa.

¿Cuántos cocos recogió Tim? ¿Y Nana?

Tim ha recogido .... cocos y Nana .... cocos.

▶ ¡Oh, no! Los otros monos de la tribu han mezclado sus bolsas y sus cocos con los de Tim y Nana.

Rodea las bolsas y los cocos que tienen juntos Tim y Nana. Tacha los otros.

▶ ¿Cuántos cocos han recogido en total Tim y Nana?

Para saberlo, calcula la operación en columna (comienza por sumar las unidades).

Cocos de Tim

$$3\,3$$
$$\underline{+\ 2\,5}$$

Cocos de Nana

Cocos de Tim y Nana ⟶ ....

En total, Tim y Nana han recogidos .... cocos.

¡Felices Pascuas !

Colorea :
- en amarillo las zonas que corresponden al número 10;
- en gris las zonas que corresponden al número 11;
- en naranja las zonas que corresponden al número 12;
- en rojo las zonas que corresponden al número 13;
- en azul las zonas que corresponden al número 14;
- en verde las zonas que corresponden al número 15;
- en marrón las zonas que corresponden al número 16;
- en verde oscuro las zonas que corresponden al número 17;
- en violeta las zonas que corresponden al número 18.

Kiwis

▶ Tim y Nana ahora recogen kiwis. Como de costumbre, cuando tienen 10, los meten en una bolsa.

¿Cuántos kiwis ha recogido Tim? ¿Y Nana?

Tim ha recogido .... kiwis.

Nana ha recogido .... kiwis.

▶ Dibuja las bolsas y los kiwis que han recogido juntos Tim y Nana (no te olvides que cuando tienen 10 los meten en una bolsa).

▶ ¿Cuántos kiwis han recogido en total Tim y Nana? Para saberlo, calcula la operación en columna (comienza por calcular las unidades y no te olvides de llevarte el número).

Kiwis de Tim

1 8

Kiwis de Nana ⟶ + ...

Kiwis de Tim y Nana ⟶ ....

En total, Tim y Nana han recogido .... kiwis.

En el hueco del árbol...

1 Completa para resolver el problema.

La ardilla Penacho tiene 21 avellanas. Su amigo Caramelo posee 13. ¡Mala sorpresa! Esta mañana, los leñadores decidieron cortar los árboles donde las ardillas han puesto sus reservas.

Por suerte, han encontrado otro árbol y deciden poner todas sus avellanas juntas.

¿Cuántas avellanas contiene esta nueva reserva?

Avellanas de Caramelo

2 1

Avellanas de Caramelo ──────────→ + ...

Avellanas de Penacho y Caramelo ──────→ ....

21 + ... = ...

Penacho y Caramelo han escondido .... avellanas en su reserva.

2 Completa para resolver el problema.

¡Realmente, los leñadores cortan muchos árboles esta mañana! Aquí llega Panachú con sus avellanas.

Se reúne con sus dos amigos para ponerlas en la reserva. ¿Cuántas avellanas contiene la reserva ahora?

......

+ ......

.... + ... = ...

....

La reserva contiene .... avellanas.

En el mercado

1 Completa para resolver el problema. (Ten cuidado en el lugar de las unidades y las decenas cuando completes la operación y no te olvides de llevarte el número.)

Esta mañana, Lea y su madre han ido al mercado. Han gastado 9 € en la verdulería, 25 € en la pescadería y 15 € en la lechería. ¿Cuánto han gastado en total?

$$\begin{array}{r} ...... \\ + ... \\ + ... \\ \hline ...... \end{array}$$

En total, han gastado .... €.

2 Encuentra el valor de los pimientos rojos y de los pimientos verdes.

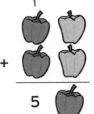

 : ....

 : ....

¡Dame el cambio!

1 Completa para resolver el problema.

Estela ha dado 10 € para pagar un juguete que cuesta 6 €.
Para encontrar lo que el vendedor tiene que devolverle, avanza de 6 hasta 10 en la regla numérica aquí abajo.

| 1 | 2 | 3 | 4 | 5 | 6 | 7 | 8 | 9 | 10 | 11 | 12 | 13 | 14 | 15 | 16 | 17 | 18 | 19 | 20 |

6 + ... = 10

2 Rodea y luego completa.

(Si lo necesitas, ayúdate con la regla numérica del ejercicio anterior.)

Lo que debes:	Lo que das:	Rodea lo que te devuelven:

3 + ... = 10

Entonces, el vendedor te devuelve .... €.

Lo que debes:	Lo que das:	Rodea lo que te devuelven:

8 + ... = 20

Entonces, el vendedor te devuelve .... €.

3 Completa para resolver el problema.

Estela dio 10 € para pagar un juguete que vale 6 €. Para encontrar lo que el vendedor tiene que devolverle, retrocede de 10 hasta 6 por la fila numérica de aquí abajo.

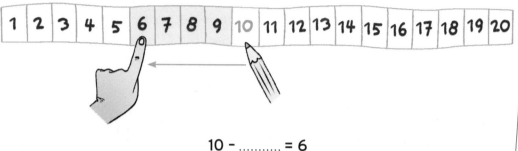

$$10 - \ldots\ldots = 6$$

4 Rodea y luego completa.

(Si lo necesitas ayúdate con la regla numérica del ejercicio 3.)

Lo que debes: Lo que das: Rodea lo que te devuelven:

$$10 - 7 = \ldots\ldots$$

Entonces, el vendedor te devuelve .... €.

Lo que debes: Lo que das: Rodea lo que te devuelven:

$$20 - 15 = \ldots\ldots$$

Entonces, el vendedor te devuelve .... €.

En el zoológico

Completa y colorea según el número que tú has escrito:
- en beige las zonas que corresponden al número 2;
- en azul claro las zonas que corresponden al número 3;
- en verde claro las zonas que corresponden al número 4;
- en amarillo las zonas que corresponden al número 5;
- en naranja las zonas que corresponden al número 7;
- en gris claro las zonas que corresponden al número 9.

Problemas (1)!

Escribe la operación en línea y calcula para resolver los problemas.

▶ Esta mañana, el termómetro marcaba
8 grados. Este mediodía marca 15.
¿Cuánto ha aumentado la temperatura?

Operación: ....

La temperatura ha subido .... grados.

▶ Para marcar su camino, Pulgarcito
tenía 20 piedras blancas en su bolsa. Ha
dejado 12 en el suelo. ¿Cuántas piedras
le quedan en la bolsa?

Operación: ....

En la bolsa de Pulgarcito quedan .... piedras.

▶ La distancia entre la casa de vacaciones
y la playa es de 9 kilómetros. Cada día,
Lea y sus padres van a la playa en bicicleta.
Esta tarde, han hecho ya 5 kilómetros.
¿Qué distancia deben recorrer aún
para llegar a la playa?

Operación: ....

Deben recorrer .... km para llegar a la playa.

Ratonera

1 Lea tendría que haber guardado sus caramelos. Ratoncita y Ratoncito aprovechan su ausencia para hacer sus reservas. Las dos ratitas consiguen robar 24 caramelos antes de que Lea vuelva.

▶ Tacha los caramelos robados por las ratitas (no te olvides los que se están llevando), luego escribe el número de caramelos que quedan.

Cuando Lea vuelve, quedan .... caramelos.

▶ Para verificar, calcula la operación en columna (comienza por las unidades).

$$\begin{array}{r} 3\ 6 \\ -\ 2\ 4 \\ \hline \\ \text{.......} \end{array}$$

2 Tacha las monedas y los billetes que debes entregar al comerciante para pagar 14 €. Completa la operación y la frase.

$$\begin{array}{r} 3\ 7 \\ -\ 1\ 4 \\ \hline \\ \text{.......} \end{array}$$

Tenía .... € en mi monedero. He dado .... € al comerciante para comprar un CD, me quedan .... €.

La urraca

Observa los dibujos. Luego completa las frases y las operaciones.

Lea tenía .... perlas. ⟶ ......

La urraca le robó .... perlas. ⟶ - ......

A Lea le quedan .... perlas. ⟶ ......

Lea está enfadada, pero se hace un collar con una parte de las perlas que la urraca no le robó. ¿Cuántas perlas hay en el collar de Lea?

A Perla le quedan .... ⟶ ......

Quedan .... perlas encima de la mesa. ⟶ - ......

Hay .... perlas en el collar de Lea. ⟶ ......

Banquete de ratones

1 Ratoncita y Ratoncito han conseguido robar otros caramelos a Lea. Las dos ratitas han invitado a sus amigos para degustar los caramelos. Juntos, han comido 28 caramelos.

Tacha los tubos de caramelos y dibuja los caramelos para mostrar los que han comido y los que quedan.

Para calcular los caramelos que quedan, se puede proceder de dos maneras.

Observa y completa (no olvides comenzar por las unidades).

Se transforma una decena en el primer número de las unidades:	Se añaden 10 unidades al primer número y una decena al segundo:
$$\begin{array}{r} {}^{3}\cancel{4}\,{}^{1}4 \\ -\ 2\ 8 \\ \hline \end{array}$$	$$\begin{array}{r} 4\,{}^{1}4 \\ -_{1}2\ 8 \\ \hline \end{array}$$
....	....

2 Calcula las dos sustracciones según el primer método y las otras dos con el segundo método.

$$\begin{array}{r} 5\ 4 \\ -\ 2\ 9 \\ \hline \end{array}$$	$$\begin{array}{r} 6\ 2 \\ -\ 3\ 6 \\ \hline \end{array}$$	$$\begin{array}{r} 2\ 2 \\ -\ 1\ 5 \\ \hline \end{array}$$	$$\begin{array}{r} 3\ 4 \\ -\ 2\ 7 \\ \hline \end{array}$$
....	....	....	....

Las compras de Lea

1 Rodea lo que le queda a Lea después de cada compra.

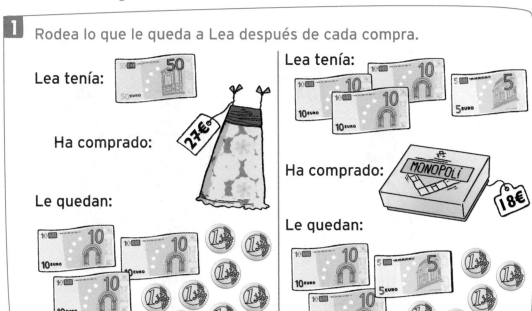

Lea tenía:

Ha comprado:

Le quedan:

Lea tenía:

Ha comprado:

Le quedan:

2 Calcula el valor de cada pegatina de color y luego completa.

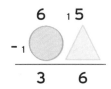

$$\begin{array}{cc} 6 & {}_15 \\ -{}_1 \bigcirc & \triangle \\ \hline 3 & 6 \end{array}$$

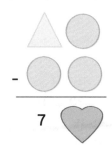

7 ♥

3 Calcula estas sustracciones en línea.

20 - 15 = ...

48 - 32 = ...

36 - 35 = ...

38 - 20 = ...

Problemas (2)

1 Observa y calcula cuánto pesa el perro de Lea.

Operación : ....

El perro de Lea pesa .... kg.

2 Lee atentamente y completa.

**Quintín y Lea quieren observar
el mar desde el faro de Toulao.
Quintín ha subido 45 escalones,
le faltan 51 para llegar hasta arriba.
Lea ha subido 29 escalones.**

Quintín ha subido .... escalones más que Lea.

En total, el faro tiene .... escalones.

Lea tiene que subir .... escalones para llegar hasta arriba del faro.

3 Resuelve los problemas siguientes.

▶ Los animales de la sabana han alquilado un autocar para ir a homenajear a su rey el león. Al principio, hay 36 animales en el autocar. A la primera parada, suben 15 animales más. En la segunda y última parada suben 12 animales, pero bajan 18 animales que tienen mucho calor.
¿Cuántos animales han llegado a homenajear al león?

Operaciones: ....

Han llegado .... animales para el homenaje al león.

▶ Los animales de la sabana han organizado una carrera. La gacela que tardó 35 minutos para completar el recorrido llegó 5 minutos después que el guepardo y 13 minutos antes que el búfalo.
¿Cuánto tiempo tardó cada animal?

Operaciones: ....

La gacela tardó .... minutos para efectuar el recorrido,
el guepardo tardó .... minutos y el búfalo .... minutos.

Los ricos huevos

1 Las gallinas del señor Fritos están muy bien amaestradas: no solamente ponen los mejores huevos del mercado, sino que además ellas mismas los ordenan en las cajas.

Completa para calcular de diferentes maneras el número de huevos que contiene una caja.

Por medio de una suma:	Por medio de una multiplicación:
6 + ... = ...	6 × ..... = ...
o	o
2 + ... + ... + ... + ... + ... = ...	2 × ..... = ...

2 Observa bien el dibujo. Luego, completa para calcular de dos maneras el número de huevos ordenados por las gallinas del señor Fritos.

..... + ... + ... + ... + ... = ...   o   ..... × ..... = ...

Las gallinas del señor Fritos han ordenado .... huevos.

3 Quintín y Lea han recogido manzanas que guardan en una caja para conservarlas. Para saber cuántas manzanas han guardado, Lea ha escrito una operación.

Completa el dibujo y da el resultado de la operación.

$6 \times 4 =$ ....

Escribe las sumas que permiten calcular también el número de manzanas.

....

4 Escribe una suma y una multiplicación que permitan encontrar la respuesta a los problemas siguientes y calcula.

▶ Leo tiene 6 billetes de 5 €. ¿Cuánto dinero tiene?

Suma: .... Multiplicación: ....

Leo tiene .... €.

▶ La señora Lechosa ha comprado 3 paquetes de 6 botellas de leche.

¿Cuántas botellas de leche ha comprado?

Suma: .... Multiplicación: ....

Ella ha comprado .... botellas de leche.

▶ En la cuadra Al-galope, hay que poner herraduras a 5 potros.
¿Cuántas herraduras hay que prever?

Suma: .... Multiplicación: ....

Hay que prever .... herraduras.

Billetes

1 Quintín y Lea han comprado muchos billetes para los juegos de la feria. Observa los billetes y completa escribiendo **1, 10, 100, una unidad, una decena** y **una centena** donde convenga.

.... billete   .... billetes   .... billetes

una ....   una ....   una ....

2 Completa para indicar el número de billetes representados.

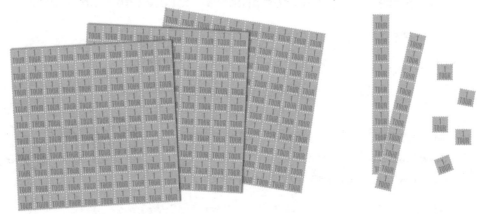

.... c + ... d + ... u = ... × 100 + ... × 10 + ... = ...

3 Escribe el número representado en cada uno de esos ábacos, como en el ejemplo.

c	d	u

546

c	d	u

....

c	d	u

....

c	d	u

....

4 4) Colorea los ábacos para representar los números indicados.

c	d	u

270

c	d	u

312

c	d	u

75

Tómbola de animales

Une cada ganador con su premio.

1er premio:
el cuatrocientos
treinta y dos

2do premio:
cuatrocientos
veintitrés

3er premio:
doscientos cinco

4to premio:
noventa y cinco

5to premio: el quinientos

6to premio: trescientos cincuenta

7mo premio: ciento noventa y
cinco

Palmera de Navidad

1 Escribe los números en cifras o en letras como en el ejemplo.

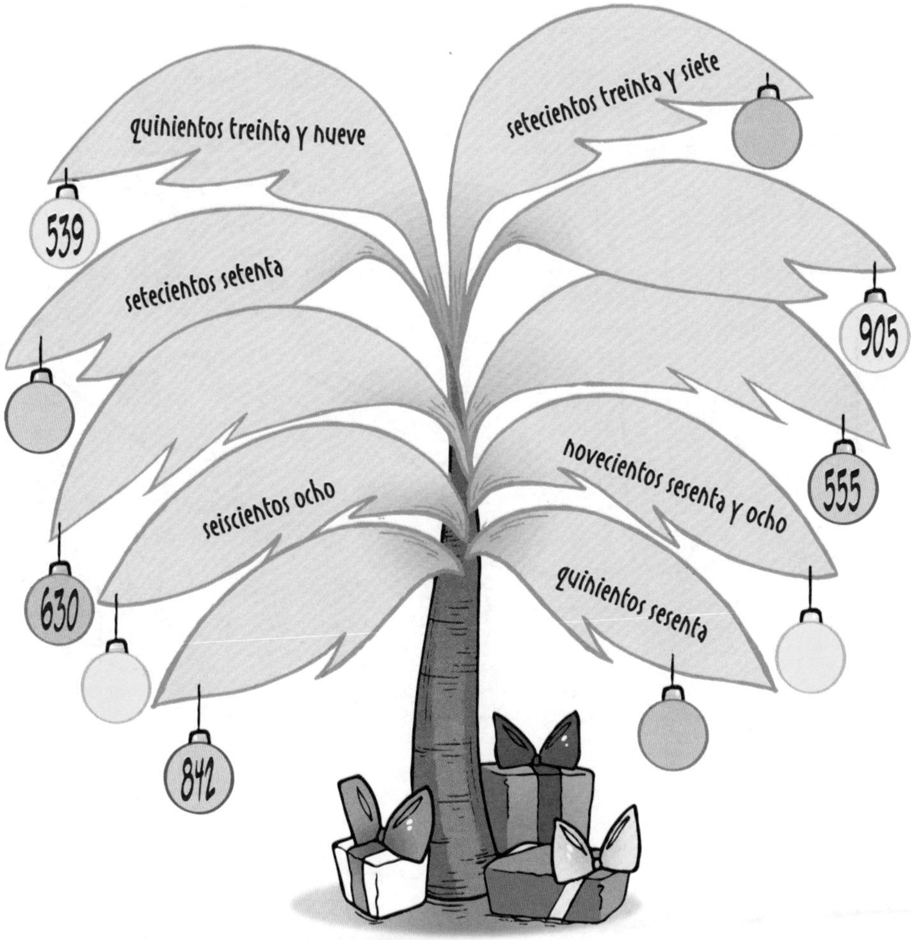

quinientos treinta y nueve

setecientos treinta y siete

539

setecientos setenta

905

seiscientos ocho

novecientos sesenta y ocho

555

quinientos sesenta

630

842

2 Tacha los dos intrusos.

Novecientos noventa y cinco   9 c + 9 d + 5   800 + 70

995   8 c + 7 d   ochocientos siete   900 + 9 + 5   870

¡Descúbreme!

1 Para descubrirme reúne los números del más pequeño al más grande comenzando por 100. Luego ¡no tengas miedo de colorearme!

2 Une cada flecha al lugar del blanco que le corresponde como en el ejemplo.

264
305
749
496
660
370
902
248
509
95
900
196
760

1000
750
500
250

3 Observa y completa las secuencias lógicas.

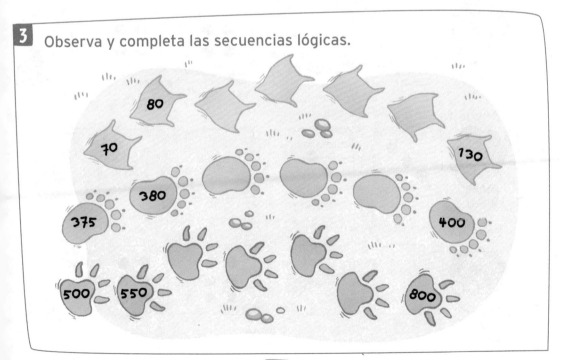

80
70
130
380
375
400
500
550
800

El parchís

1 Quintín y Lea juegan al parchís. Lea tiene una suerte increíble: cada vez, consigue el doble de los puntos de Quintín.

Dibuja los puntos en los dados.

1ª vuelta

2ª vuelta

3ª vuelta

4ª vuelta

2 Reúne cada billete de la izquierda con el de la derecha que vale el doble.

3 Escribe en cada bola de las pesas su peso en kg como en el ejemplo.

Juego de canicas y globos

1 A cada canica coloreada le corresponde una canica blanca del mismo valor. Encuéntrala y colorea del mismo color, como en el ejemplo.

2x2 8 2 2x1

6 2x10 18 2x7

2x9 14 2x3

2x5 10 12

16 4 2x4

2x6 20

2x8

2 Escribe el resultado de cada operación.

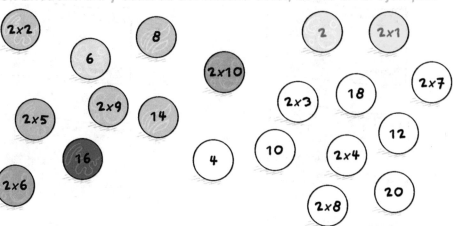

2 × 2 = ...

2 × 8 = ...

2 × 6 = ...

2 × 9 = ...

2 × 4 = ...

2 × 10 = ...

2 × 5 = ...

2 × 7 = ...

2 × 1 = ...

2 × 3 = ...

El cumpleaños de Osogordo

Los amigos de Osogordo han decidido prepararle un enorme pastel de chocolate por su cumpleaños. Por eso, tienen que multiplicar las cantidades de esta receta por 2.

PASTEL MUY RICO DE CHOCOLATE

- 22 kg de chocolate
- 34 huevos
- 10 kg de azúcar
- 13 kg de mantequilla
- 12 kg de harina

▶ Rodea el número de paquetes de harina necesarios para hacer este enorme pastel.

▶ Calcula esta multiplicación para conocer el número de huevos que necesitan los amigos de Osogordo.

2. Multiplica
las decenas
por2.

$$\begin{array}{r} 3\ 4 \\ \times\ \ 2 \\ \hline \dots\dots \end{array}$$

1. Multiplica
las unidades
por 2.

▶ Completa y calcula esta multiplicación para conocer el número de kilos de mantequilla, de azúcar y de chocolate que los amigos de Osogordo van a utilizar para hacer este enorme pastel.

$$\begin{array}{r} 1\ 3 \\ \times\ \ 2 \\ \hline \dots\dots \end{array}$$

$$\begin{array}{r} 1\ 0 \\ \times\ \dots \\ \hline \dots\dots \end{array}$$

$$\begin{array}{r} \dots\dots \\ \times\ \dots \\ \hline \dots\dots \end{array}$$

Dominó

1 Completa y calcula las operaciones.

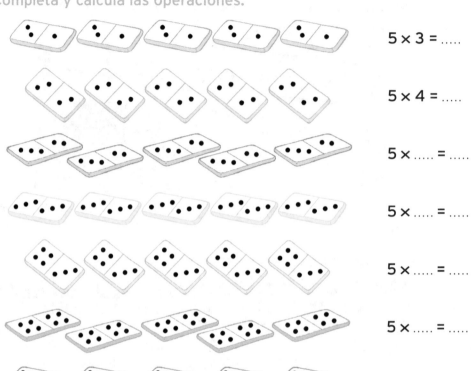

$5 \times 3 = \ldots$

$5 \times 4 = \ldots$

$5 \times \ldots = \ldots$

$5 \times \ldots = \ldots$

$5 \times \ldots = \ldots$

$5 \times \ldots = \ldots$

$5 \times \ldots = \ldots$

2 En este arbolito, a cada bola coloreada le corresponde una bola blanca del mismo valor.
Encuéntrala y píntala del mismo color, como en el ejemplo.

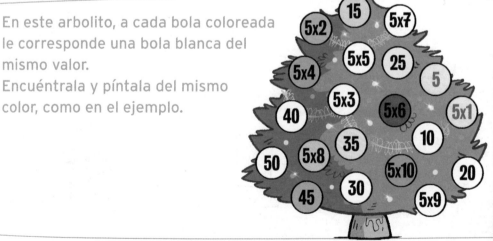

Problemas (3)

Resuelve los problemas siguientes utilizando la suma, la sustracción o la multiplicación. Luego, completa.

▶ **Conejito ha plantado 2 filas de 24 zanahorias en su jardín. Mientras espera a poder comerlas, las riega cada día. Calcula de dos maneras el número de zanahorias que Conejito riega cada día.**

Operación: ....

O: ....

Cada día, riega .... zanahorias.

▶ **Lea ha invitado a 4 amigos a merendar. Para cada uno, pero también para ella, ha preparado 6 minipastelitos. ¿Cuántos pastelitos ha preparado?**

Operación: ....

Ha preparado ....

Después de la merienda, quedan 12 pastelitos. ¿Cuántos pastelitos han comido Lea y sus amigos?

Operación: ....

Han comido en total ....

La calculadora

1 Ayuda a Quintín a utilizar la calculadora.
Escribe los números en los círculos para indicar
en qué orden debe tocar las teclas para encontrar el
resultado de «245 + 368».

Como Quintín, utiliza la calculadora para encontrar el resultado
de esta suma.
Escribe el resultado en la calculadora de Quintín.

2 Utiliza tu calculadora para encontrar el resultado de las siete operaciones. Luego, para encontrar las letras, retira 50 a cada resultado. Cada número que encuentres corresponde a una letra según su lugar en el alfabeto (a = 1, b = 2, c = 3...).

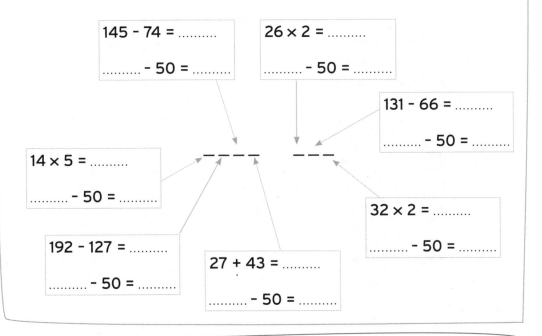

145 - 74 = ...

.... - 50 = ...

26 × 2 = ...

.... - 50 = ...

131 - 66 = ...

.... - 50 = ...

14 × 5 = ...

.... - 50 = ...

32 × 2 = ...

.... - 50 = ...

192 - 127 = ...

.... - 50 = ...

27 + 43 = ...

.... - 50 = ...

− − − −   − − −

3 Con tu calculadora, encuentra el resultado de la operación de cada bolo y únelo a su bola.

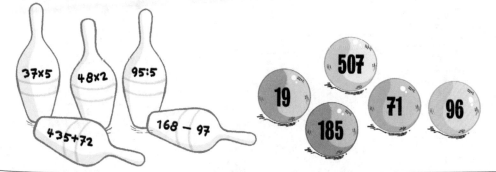

37×5   48×2   95:5

435+72   168 − 97

507   19   71   96   185

Cómics

1 **Lea se compra 5 cómic de 15 euros.**

Calcula lo que debe pagar en la librería coloreando, en el orden que se pide, las monedas y los billetes necesarios.

15 = ... + 5 = ... d + ... u

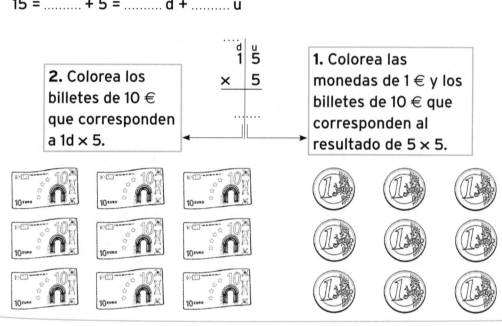

2. Colorea los billetes de 10 € que corresponden a 1d × 5.

```
 .... d | u
     1 | 5
   ×   | 5
  ------+---
  ......
```

1. Colorea las monedas de 1 € y los billetes de 10 € que corresponden al resultado de 5 × 5.

---

2 Calcula las multiplicaciones sin olvidar lo que te llevas. Luego, verifica con una calculadora.

```
...
  1 3
×   5
------
......
```

```
...
  3 7
×   2
------
......
```

```
...
  9 6
×   2
------
......
```

```
...
  3 4
×   5
------
......
```

3 Resuelve este enigma.

Para agradecer al mono que le ha hecho un favor, el león quiere hacerle un regalo. Le pregunta:

– ¿Qué quieres a cambio de tus servicios?

– Aceptaría plátanos durante ocho días. Dos plátanos el primer día y luego cada día que sigue, el doble que la víspera –responde el mono.

– ¿Eso es todo?

– Me contento con poco –responde el mono.

¿Cuántos plátanos tiene que darle el león al mono?

1
2
3
4 ..... plátanos
5 ..... plátanos
6 ..... plátanos
7 ..... plátanos
8 ..... plátanos

2 + 4 + 8 + ...

Durante los 8 días, el león ha dado .... plátanos al mono.

La fiesta de las flores

1 Colorea los pétalos y escribe el resultado de la multiplicación como en el ejemplo.

3 × 3 = 9

3 × 4 = ...

3 × 8 = ...

3 × 6 = ...

3 × 9 = ...

3 × 7 = ...

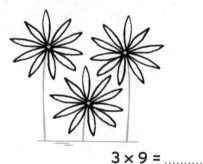

2 Encuentra las 4 multiplicaciones de la tabla del 3 que no están en el ejercicio anterior. Escríbelas y calcula.

3 × .... = ...   3 × .... = ...   3 × .... = ...   3 × .... = ...

En las nubes

1 Escribe los resultados de las operaciones. Luego, colorea las nubes de los números multiplicados por 1 en azul; por 0 en verde y por 10 en amarillo, como en los ejemplos.

$2 \times 1 = 2$ $3 \times 0 = 0$ $1 \times 10 = 10$

$1 \times 1 =$ ...... $3 \times 1 =$ ...... $5 \times 1 =$ ...... $2 \times 0 =$ ......

$1 \times 0 =$ ...... $5 \times 0 =$ ...... $2 \times 10 =$ ......

$5 \times 10 =$ ...... $3 \times 10 =$ ......

Ahora, completa esas 3 nubes grandes y coloréalas con los colores correspondientes.

Si se multiplica un número por 0; se obtiene el número ....

Cuando se multiplica un número por ....., este no cambia.

Para multiplicar un número por ....., basta escribir la cifra 0 al final del número.

2 Colorea los mismos números con el mismo color.

40	90	6	6 × 1	6 × 0
8 × 1	6 × 10	80	8	60
8 × 0	0	7 × 10	30	4 × 10
8 × 10	3 × 10	0	9 × 10	70

Cubos

1 Colorea los cubos y escribe el resultado de la multiplicación.

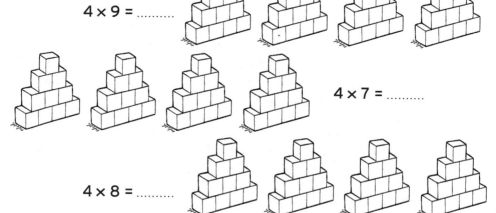

4 × 4 = 16

4 × 6 = ...

4 × 9 = ...

4 × 7 = ...

4 × 8 = ...

2 Encuentra las 5 multiplicaciones de la tabla del 4 que no están en el ejercicio anterior. Escríbelas y calcula.

4 × ..... = ...

4 × ..... = ...

4 × ..... = ...

4 × ..... = ...

4 × ..... = ...

La noria

Calcula las operaciones y escribe el resultado en cada cesta, como el ejemplo.

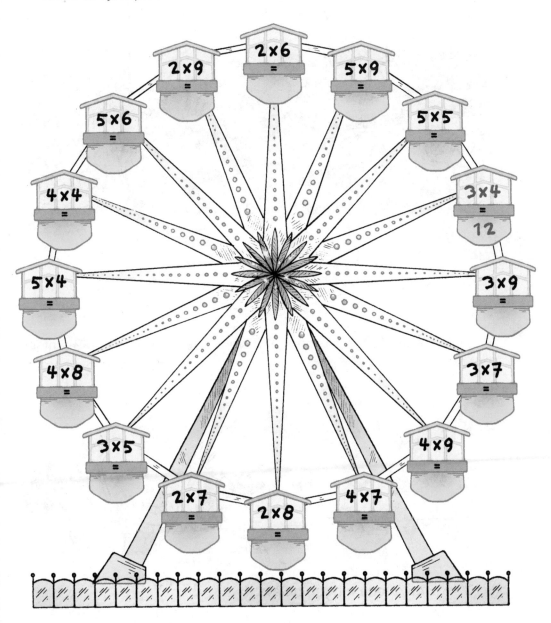

Tren fantasma

1 Lea y sus amigos van a subir al tren fantasma pero, para partir, el vagón tiene que estar completo.

Rodea a los niños en grupos de 4, luego une cada grupo a un vagón. ¿Cuántos vagones se utilizarán?

Completa la división que permite calcular la respuesta al problema.

$$
\begin{array}{r|l}
1\ 2 & 4 \\
\hline
0 & \dots
\end{array}
$$

Se necesitan ..... vagones para que todos los niños puedan subir.

2 A Lea le quedan 15 billetes para el tiovivo, que comparte con 2 amigos. Une cada niño con sus billetes para que todos tengan el mismo número. Luego, completa la división.

$15 : 3 =$ ..... no queda ningún billete.

$$
\begin{array}{r|l}
1\ 5 & 3 \\
\hline
0 & \dots
\end{array}
$$

Cada uno tendrá ..... billetes.

3 Max, el vendedor de caramelos, quiere guardar 13 piruletas en 3 cajas para que haya el mismo número en cada caja.

Dibuja las piruletas en las cajas y táchalas a medida que lo haces, como en el ejemplo.

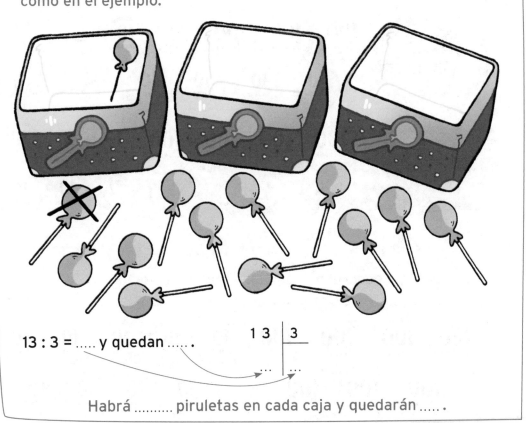

13 : 3 = ... y quedan ....

$$\begin{array}{c|c} 1\,3 & 3 \\ \hline \cdots & \cdots \end{array}$$

Habrá .... piruletas en cada caja y quedarán ....

4 En el puesto de tiro, Tobías comparte 20 dardos entre 5 tiradores, de manera que todos tengan el mismo número.

Completa la división para saber cuántos dardos tendrá cada uno de los tiradores.

20 : ..... = ... dardos y quedan ....

$$\begin{array}{c|c} 2\,0 & \cdots \\ \hline \cdots & \cdots \end{array}$$

Cada tirador tendrá ..... dardos.

Fortuna de cocodrilos

1 ▶ Cocodril y Cocodrul tienen cada uno una gran fortuna de monedas de 1, de 10 y de 100 crocos.

¿Cuánto tiene Cocodril? ¿Y Cocodrul?

Cocodril tiene .... Crocos y Cocodrul tiene .... crocos.

▶ Cocodril y Cocodrul han decidido reunir sus fortunas.

Rodea las monedas que representan la fortuna de los dos cocodrilos.

▶ Completa y calcula la operación (no olvides de llevarte el número).

$$\begin{array}{r} 3\ 6\ 5 \\ +\ \dots\dots \\ \hline \dots\dots \end{array}$$

Juntos, los dos cocodrilos tienen .... crocos.

2 Tacha la suma que está mal colocada y calcula las otras.

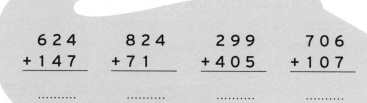

```
  6 2 4        8 2 4        2 9 9        7 0 6
+ 1 4 7       + 7 1       + 4 0 5      + 1 0 7
```
....

3 Encuentra el valor de las bolas coloreadas.

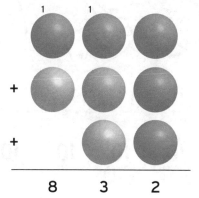

+

+
_____
  8   3   2

= ....

= ....

= ....

4 Rellena el cuadrado mágico.
Sumando los números de una
línea, de una columna o de una
diagonal, debes obtener el
mismo número.

2		6
	5	
		8

Dientes de cocodrilo

Cocodrul y Cocodril pasan mucho tiempo lavándose los dientes. Han decidido comprarse cepillos eléctricos.

Observa bien el dibujo. Luego, rodea las monedas que el comerciante debe devolver a los cocodrilos y tacha las otras.

▶ Calcula la operación.

```
  2 0 0
- 1 2 7
─────────
..........
```

El comerciante debe devolver ..... crocos.

▶ Verifica el resultado de su operación. Súmalo a 127, si está bien debes encontrar 200.

```
  1 2 7
+ ..........
─────────
..........
```

Números misteriosos

1 Tacha la sustracción mal dispuesta y calcula las otras.

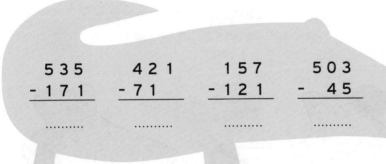

```
  5 3 5        4 2 1        1 5 7        5 0 3
- 1 7 1      -   7 1      - 1 2 1      -   4 5
_____    _____    _____    _____

 .........    .........    .........    .........
```

2 Encuentra la cifra que se esconde detrás de cada color.

```
          1

-

        0
        1
  _____
   4    5    9
```

= ....   = ...   = ...

3 Observa y completa cada línea como en el ejemplo.

5	+	6	=	11
6	+		=	14
9		6	=	3
4	+		=	12
	-	7	=	11
9	+		=	18

	+	9	=	11
13	-	7	=	
8	+		=	17
	-	4	=	16
3	+	9	=	
6	+		=	19

Chicles

1 A Cocodrul y Cocodril les encantan los chicles, a pesar de que se enganchen en los dientes. Se reparten 7 paquetes de 10 chicles y 2 chicles para que ambos tengan el mismo número.

▶ Rodea en azul los paquetes de chicle de Cocodrul y en rojo los de Cocodril y luego completa la frase.

Cada uno tiene ..... paquetes y quedan ....

▶ Dibuja los chicles del paquete que queda. Luego rodea en azul los chicles de Cocodrul y en rojo los de Cocodril.

Al final del reparto, cada uno tiene ..... paquetes de 10 chicles

y además .... chicles, o sea ..... chicles.

▶ Completa para calcular la división que permite encontrar el número de chicles de cada uno de los cocodrilos.

$$\begin{array}{r|l} \widehat{7\ 2} & 2 \\ \hline 1\ ... & 3\ ... \end{array}$$ resultado

resto

2 Cocodril ha encontrado 34 piedras en el fondo del río. Se las ha llevado a Zafir, el mono joyero, para que confeccione unos pendientes con 1 piedra cada uno.
¿Cuántos pares de pendientes confeccionará Zafir?

```
3 4 | .......
....... | .......
   ...
```

Zafir va a confeccionar ..... pares de pendientes.

3 Calcula las divisiones siguientes, como en el ejemplo.

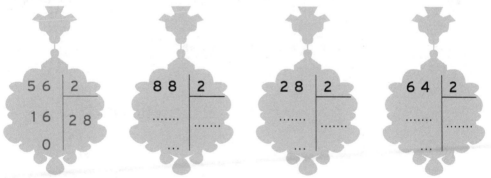

```
5 6 | 2
1 6 | 2 8
  0 |
```

```
8 8 | 2
... | ...
...
```

```
2 8 | 2
... | ...
...
```

```
6 4 | 2
... | ...
...
```

▶ Verifica los resultados multiplicando el resultado por 2, como en el ejemplo. Si no te has equivocado, encontrarás el número del principio.

```
 ¹2 8        .......      .......      .......
 ×  2      × ....       × ....       × ....
 ─────
   5 6       .......      .......      .......
```

Transporte fluvial

1 Cocodrul debe transportar de una orilla a otra, los 60 cocos que los monos regalan al rey por el año nuevo.
Cocodrul los transporta de 5 en 5 porque hay que tener cuidado.

▶ Completa la división que permite calcular cuántos viajes tendrá que hacer Cocodrul.

$$\widehat{6}\ 0\ \big|\ \underline{5} \quad \text{resultado}$$

.... | ...

resto → ...

▶ Verifica tu resultado, haciendo una multiplicación.

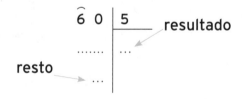

....
× ....
....

Cocodrul debe hacer .... viajes para transportar todos los cocos.

2 Completa para dar la respuesta a estos dos enigmas.

▶ Cocodrul ha hecho también
5 viajes transportando
25 plátanos cada vez.
¿Cuántos plátanos ha transportado
en total?

Operación: ....

Ha transportado .... plátanos.

▶ El rey prefiere los cocos.
Decide distribuir los plátanos
a sus ministros. Cada uno recibe
5 plátanos.
¿Cuántos ministros tiene el rey?

Operación:

....

El rey tiene ..... ministros.

3 Completa estas divisiones.

```
3 ... | ...        9 ... | 5        8 ... | ...        ...... | 5
1 6   | 1...       4 ... | ... 8    0 ... | 4 2        3 5    | 1 ...
  0   |              0   |            0   |                   |
                                                            ...
```

Feria

1 Colorea:

- en **verde** las zonas cuyo resultado está comprendido entre 1 y 20;
- en amarillo las zonas cuyo resultado está comprendido entre 21 y 40;
- en **rojo** las zonas cuyo resultado está comprendido entre 41 y 60;
- en **gris** las zonas cuyo resultado está comprendido entre 61 y 80;
- en azul las zonas cuyo resultado está comprendido entre 81 y 100.

2 Reúne cada caña de pescar con el pato que vale la mitad.

3 Traza el camino que debe recorrer Lea para reunirse con Quintín a la salida del laberinto: hay que contar de 3 en 3 para salir.

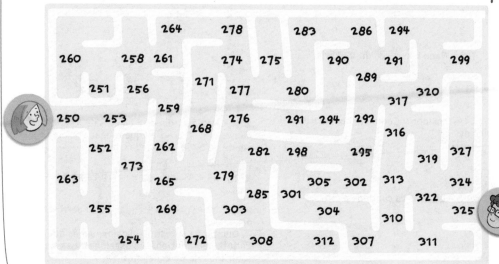

CORRECCIONES

4. 1. Mini Ladronzuelo: 14 €. Gran Ladronzuelo: 16 €. Maxi Ladronzuelo: 31 €. Pequeño Ladronzuelo: 29 €. Mini Ladronzuelo y Maxi Ladronzuelo tienen juntos 3 billetes de 10 €. Maxi Ladronzuelo y Pequeño Ladronzuelo tienen juntos 6 billetes de 10 €. Los 4 Ladronzuelos tienen juntos 90 €.

5. 2. Hay 46 € en la bolsa que se pueden transformar en 4 billetes de 10 € y 6 monedas de 1 €.
3. 72 = 7 d + 2 u – 28 = 2 d + 8 u – 9 = 9 u – 40 = 4 d – 91 = 9 d + 1 u.
4. 5 d + 6 u = 56 – 2 d + 5 u = 25 – 6 d = 60.

6. Las casillas coloreadas en amarillo son: 16, 49, 19, 56, 13, 26, 36, 69, 58, 37.

7. 1. 65 y sesenta y cinco – 86 y ochenta y seis – 75 y setenta y cinco – 96 y noventa y seis – 68 y sesenta y ocho – 78 y setenta y ocho.
2. Intrusos: 6019 y 93.

9. 2. 27 – 30 – 33 – 36 – 39 – 42 – 45.
75 – 70 – 65 – 60 – 55 – 50 – 45.
15 – 20 – 25 – 30 – 35 – 40 – 45.
Todas las secuencias terminan por 45.
3. 40 – 42 – 44 – 46 – 48 – 50 – 52 – 54 – 56 – 58.
71 – 73 – 75 – 77 – 79 – 81 – 83 – 85 – 87 – 89.

11. Tim ha recogido 33 cocos y Nana 25 cocos. Hay que rodear 5 bolsas y 8 cocos sueltos.

```
  3 3
+ 2 5
-----
  5 8
```

En total, Tim y Nana han recogido 58 cocos.

13. Tim ha recogido 18 kiwis. Nana ha recogido 24 kiwis.
Hay que dibujar 4 bolsas y 2 kiwis.

```
  ¹1 8
+  2 4
------
   4 2
```

En total, Tim y Nana han recogido 42 kiwis.

14. 1.
```
  2 1
+ 1 3
-----
  3 4
```

21 + 13 = 34 – Penacho y Caramelo han guardado 34 avellanas.

2.
```
  3 4
+ 2 2
-----
  5 6
```

34 + 22 = 56 – La reserva contiene ahora 56 avellanas.

15. 1.
```
  ¹9
+ 2 5
+ 1 5
-----
  4 9
```

En total, han gastado 49 €.
2. 🍎: 2 – 🍎: 6.

16. 1. 6 + 4 = 10.
2. 3 + 7 = 10 – El vendedor te devuelve 3 €.
8 + 12 = 20 – El vendedor te devuelve 12 €.

17. 3. 10 – 4 = 6.
4. 10 – 7 = 3 – El vendedor te devuelve 7 €.
20 – 15 = 5 – El vendedor te devuelve 5 €.

19. 8 + 7 = 15 o 15 – 8 = 7. La temperatura ha subido 7 grados.
20 – 12 = 8. A Pulgarcito le quedan 8 piedras en la bolsa.
5 + 4 = 9 o 9 – 5 = 4. Deben recorrer 4 km más.

20. 1. Cuando Lea vuelve, quedan 12 caramelos.
```
  3 6
- 2 4
-----
  1 2
```

2.
```
  3 7
- 1 4
-----
  2 3
```

Tenía 37 € en mi monedero. Entregué 14 € (...) me quedan 23 €.

21. Lea tenía 48 perlas. La urraca le robó 12 perlas. A Lea le quedan 36 perlas.
Quedaban 36 perlas. Quedan 5 perlas en la mesa. Hay 31 perlas en el collar de Lea.
```
  4 8        3 6
- 1 2       -  5
-----       -----
  3 6        3 1
```

22. 1. Hay que tachar 3 tubos y dibujar 2 caramelos.
```
  3 1          1
  ⁄5 4        4 4
- 2 8       -₁2 8
-----       -----
  1 6          1 6
```

2.
```
  4 1      5 1       1         1
  ⁄5 4     ⁄6 2     2 2       3 4
- 2 9     - 3 6    -₁1 5     -₁2 7
-----     -----    -----     -----
  2 5       2 6      0 7       0 7
```

23. 1. Hay que rodear 2 billetes de 10 € y 3 monedas de 1 €. – Hay que rodear 1 billete de 10 €, 1 billete de 5 € y 2 monedas de 1 €.
2. ⬤: 2 – △: 9 – ♥: 0.
3. 20 - 15 = 5 – 48 - 32 = 16 – 36 - 35 = 1 – 38 - 20 = 18.

24. 1. 26 + 9 = 35 o 35 - 26 = 9. El perro de Lea pesa 9 kg.
2. Quintín ha subido 16 escalones más que Lea. En total, el faro tiene 96 escalones. Lea tiene que subir todavía 67 escalones.

25. 3. 36 + 15 = 51. 51 + 12 = 63. 63 − 18 = 45.
45 animales llegan al homenaje al león.
35 − 5 = 30. 35 + 13 = 48. La gacela ha tardado
35 minutos para el recorrido, el guepardo ha
tardado 30 minutos y el búfalo 48 minutos.

26. 1. 6 + 6 = 12 o 2 + 2 + 2 + 2 + 2 + 2 = 12.
6 × 2 = 12 o 2 × 6 = 12.
2. 12 + 12 + 12 + 12 + 12 = 60 o 12 × 5 = 60.
Las gallinas han guardado 60 huevos.

27. 3. 6 × 4 = 24 o 6 + 6 + 6 + 6 = 24 o
4 + 4 + 4 + 4 + 4 + 4 = 24.
4. 5 + 5 + 5 + 5 + 5 + 5 = 60 o 6 × 5 = 30.
Leo tiene 30 €.
6 + 6 + 6 = 18 o 3 × 6 = 18. La señora compró
18 botellas de leche.
4 + 4 + 4 + 4 + 4 = 20 o 4 × 5 = 20. Hay que
prever 20 herraduras.

28. 1. 1 billete (una unidad) − 10 billetes
(una decena) − 100 billetes (una centena).
2. 3 c + 2 d + 5 u = 3 × 100 + 2 × 10 + 5 = 325.

29. 3. 716 − 250 − 602.
4.

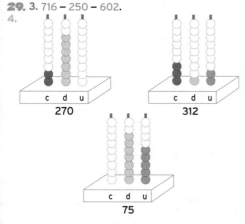

270   312

75

30. 1er premio (432): la mofeta − 2° premio (423): el
topo − 3er premio (205): la rata − 4° premio (95):
el pingüino − 5° premio (500): el cerdo − 6° premio
(350): el elefante − 7° premio (195): la gallina.

31. 1. setecientos setenta 770 − seiscientos treinta 630
− seiscientos ocho 608 − ochocientos cuarenta y dos
842 − setecientos treinta y siete 737 − novecientos
cinco 905 − quinientos cincuenta y cinco 555 − novecientos sesenta y ocho 968 − quinientos sesenta 560.
2. Hay que tachar ochocientos siete y 900 + 9 + 5.

33. 2. Flechas unidas en el círculo «0 a 250»: 95,
196, 248 ; en el círculo «250 à 500»: 264, 305, 370,
496; en el círculo «500 a 750»: 509, 660, 749; en el
círculo «750 a 1 000»: 760, 900, 902.
3. 70 − 80 − 90 − 100 − 110 − 120 − 130.
375 − 380 − 385 − 390 − 395 − 400.
500 − 550 − 600 − 650 − 700 − 750 − 800.

34. 1. Primera vuelta: Lea tiene 4 puntos.
2ª vuelta: Quintín tiene 4 puntos.
3ª vuelta: Lea 10 puntos.
4ª vuelta: Quintín 6 puntos.

35. 2. Hay que reunir 5 y 10 € ; 10 y 20 € ;
50 y 100 €.
3. 100 kg = 50 kg y 50 kg ; 60 kg : 30 kg y 30 kg.

36. 1. Canicas del mismo color: 2 × 1 y 2 − 2 × 2 y 4
− 6 et 2 × 3 − 8 y 2 × 4 − 2 × 5 y 10 − 2 × 6 y 12 − 14
y 2 × 7 − 16 y 2 × 8 − 2 × 9 y 18 − 2 × 10 y 20.
2. 2 × 2 = 4 − 2 × 8 = 16 − 2 × 6 = 12 − 2 × 9 = 18 −
2 × 4 = 8 − 2 × 10 = 20 − 2 × 5 = 10 − 2 × 7 = 14 −
2 × 1 = 2 − 2 × 3 = 6.

37. Hay que rodear 2 paquetes de 10 kg y 4
paquetes de 1 kg de harina.
12 × 2 = (1 d + 2 u) × 2 = (1 d × 2) + (2 u × 2) =
2 d + 4 u = 24.

```
    3 4
  ×   2
  ─────
    6 8
```

```
    1 3          1 0          2 2
  ×   2        ×   2        ×   2
  ─────        ─────        ─────
    2 6          2 0          4 4
```

38. 1. 5 × 3 = 15 − 5 × 4 = 20 − 5 × 5 = 25 −
5 × 6 = 30 − 5 × 7 = 35 − 5 × 8 = 40 − 5 × 9 = 45.
2. Las bolas coloreadas del mismo color; 15 y 5 × 3
− 5 × 2 y 10 − 25 y 5 × 5 − 5 × 4 y 20 − 5 × 6 y 30
− 35 y 5 × 7 − 5 × 8 y 40 − 45 y 5 × 9 − 5 × 10 y 50.

39. Operación: 24 + 24 = 48 o 24 × 2 = 48.
Cada día riega 48 zanahorias.
Operación: 5 × 6 = 30. Lea ha preparado
30 pastelitos.
Operación: 30 − 12 = 18. Lea y sus amigos han
comido 18 pastelitos.

40. 1.

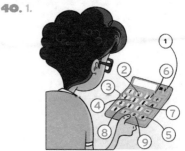

41. 2.

145 - 74 = 71	26 × 2 = 52
71 - 50 = 21	52 - 50 = 2

131 - 66 = 65
65 - 50 = 15

IQUI BON

14 × 5 = 70
70 - 50 = 20

32 × 2 = 64
64 - 50 = 14

192 - 127 = 65	27 + 43 = 70
65 - 50 = 15	70 - 50 = 20

3. Hay que reunir: 95 : 5 y 19 – 48 × 2 y 96 –
435 + 72 y 507 – 37 × 5 y 185 – 168 – 97 y 71.

42. 1. 15 = 10 + 5 = 1 d + 5 u

$$\begin{array}{c|c} d & u \\ \overset{2}{1} & 5 \\ \times & 5 \\ \hline 7 & 5 \end{array}$$

Hay que colorear 7 billetes de 10 € y 5 monedas de 1 €.

2.

$$\begin{array}{r} \overset{1}{1}3 \\ \times\ 5 \\ \hline 6\ 5 \end{array} \qquad \begin{array}{r} \overset{1}{9}6 \\ \times\ 2 \\ \hline 1\ 9\ 2 \end{array} \qquad \begin{array}{r} \overset{1}{3}7 \\ \times\ 2 \\ \hline 7\ 4 \end{array} \qquad \begin{array}{r} \overset{2}{3}4 \\ \times\ 5 \\ \hline 1\ 7\ 0 \end{array}$$

43. 3. 4° día: 16 plátanos (8 × 2) – 5° día:
32 plátanos (16 × 2) – 6° día: 64 plátanos (32 × 2)
– 7° día: 128 plátanos (64 × 2) – 8° día: 256 plátanos
(128 × 2).
Durante los 8 días, el león ha dado 510 plátanos al
mono (2 + 4 + 8 + 16 + 32 + 64 + 128 + 256 = 510).

44. 1. 3 × 4 = 12 – 3 × 3 = 9 – 3 × 8 = 24 –
3 × 6 = 18 – 3 × 9 = 27 – 3 × 7 = 21.
2. 3 × 1 = 3 – 3 × 2 = 6 – 3 × 5 = 15 – 3 × 10 = 30.

45. 1.

1 × 1 = 1   3 × 1 = 3   5 × 1 = 5   2 × 0 = 0

1 × 0 = 0   5 × 0 = 0   2 × 10 = 20

5 × 10 = 50   3 × 10 = 30

Cuando se multiplica un número
por 1, este no cambia.

Si se multiplica un número por 0,
se obtiene el número 0.

Para multiplicar un número por
10, basta escribir la cifra 0 al
final del número.

2.

40	90	6	6 × 1	6 × 0
8 × 1	6 × 10	80	8	60
8 × 0	0	7 × 10	30	4 × 10
8 × 10	3 × 10	0	9 × 10	70

46. 1. 4 × 4 = 16 – 4 × 6 = 24 – 4 × 9 = 36 –
4 × 7 = 28 – 4 × 8 = 32.
2. 4 × 1 = 4 – 4 × 2 = 8 – 4 × 3 = 12 – 4 × 5 = 20 –
4 × 10 = 40.

47. Resultados a partir del ejemplo dado
(3 × 4 =12) : 3 × 9 = 27 – 3 × 7 = 21 – 4 × 9 = 36 –
4 × 7 = 28 – 2 × 8 = 16 – 2 × 7 = 14 – 3 × 5 = 15 –
4 × 8 = 32 – 5 × 4 = 20 – 4 × 4 = 16 – 5 × 6 = 30 –
2 × 9 = 18 – 2 × 6 = 12 – 5 × 9 = 45 – 5 × 5 = 25.

48. 1.

$$\begin{array}{c|c} 12 & 4 \\ \hline 0 & 3 \end{array}$$

Se necesitan 3 vagones para que todos los niños
puedan subir.

2. 15 : 3 = 5.

$$\begin{array}{c|c} 15 & 3 \\ \hline 0 & 5 \end{array}$$

Cada uno tendrá 5 billetes.

49. 3. 13 : 3 = 4 y el resto 1.

$$\begin{array}{c|c} 13 & 3 \\ \hline 1 & 4 \end{array}$$

Habrá 4 piruletas en cada caja y queda 1.

4. 20 : 5 = 4 dardos y queda 0.
Cada tirador tendrá 4 dardos.

$$\begin{array}{c|c} 20 & 5 \\ \hline 0 & 4 \end{array}$$

50. 1. Cocodril tiene 365 crocos y Cocodrul tiene
457 crocos.
Hay que rodear 8 monedas de 100 crocos, 2 monedas
de 10 crocos y 2 monedas de 1 croco.

$$\begin{array}{r} \overset{1}{3}\overset{1}{6}5 \\ +\ 4\ 5\ 7 \\ \hline 8\ 2\ 2 \end{array}$$

Juntos, los dos cocodrilos tienen 822 crocos.

51. 2.

$$\begin{array}{r} 6\overset{1}{2}4 \\ +\ 1\ 4\ 7 \\ \hline 7\ 7\ 1 \end{array} \qquad \begin{array}{r} 8\ 2\ 4 \\ +\ 7\ 1 \\ \hline \end{array} \qquad \begin{array}{r} \overset{1}{2}\ 9\ 9 \\ +\ 4\ 0\ 5 \\ \hline 7\ 0\ 4 \end{array} \qquad \begin{array}{r} 7\overset{1}{0}6 \\ +\ 1\ 0\ 7 \\ \hline 8\ 1\ 3 \end{array}$$

3. = 4   = 3   = 5

4.

2	7	6
9	5	1
4	3	8

52. Hay que rodear 3 monedas de 1 croco y 7 monedas de 10 crocos.
El comerciante tiene que devolver 73 crocos.

```
  1 1
  1 2 7          2 0 0
+   7 3        -₁1₁2 7
  2 0 0          7 3
```

53. 1.

```
  5 1              1 1
  5 3 5      4 2 1      1 5 7      5 0 3
-₁1 7 1      - 7 1      - 1 2 1    -₁1 4 5
  3 6 4                   3 6        4 5 8
```

2.

⬤ = 2   ⬤ = 6   ⬤ = 3

3.

5	+	6	=	11
6	+	8	=	14
9	−	6	=	3
4	+	8	=	12
18	−	7	=	11
9	+	9	=	18

2	+	9	=	11
13	−	7	=	6
8	+	9	=	17
20	−	4	=	16
3	+	9	=	12
6	+	13	=	19

54. 1. Hay que rodear 3 tabletas en azul y 3 tabletas en rojo.
Cada uno tiene 3 paquetes y sobra 1.
Hay que dibujar 10 chicles (en total quedarán dibujados 12 chicles).
Al final del reparto, cada uno tendrá 3 paquetes de chicles y además 6 chicles sueltos. O sea un total de 36 chicles.

```
  7 2 | 2
  1 2 | 3 6
    0 |
```

55. 2.
```
  3 4 | 2
  1 4 | 1 7
    0 |
```

Zafir confeccionará 17 pares de pendientes.

3.

```
  5 6 | 2        8 8 | 2        2 8 | 2        6 4 | 2
  1 6 | 2 8      0 8 | 4 4      0 8 | 1 4      0 4 | 3 2
    0 |            0 |            0 |            0 |
```

```
  1
  2 8            4 4            1 4            3 2
×   2          ×   2          ×   2          ×   2
  5 6            8 8            2 8            6 4
```

56. 1.
```
  6 0 | 5
  1 0 | 1 2
    0 |
```

```
  1
  1 2
×   5
  6 0
```

Cocodrul tiene que hacer 12 viajes para transportar todos los cocos.

57. 2. Operación: 25 × 5 = 125. Ha transportado 125 plátanos.
Operación: 125 : 5 = 25. El rey tiene 5 ministros.

3.

```
  3 6 | 2        9 0 | 5        8 4 | 2        8 5 | 5
  1 6 | 1 8      4 0 | 1 8      0 4 | 4 2      3 5 | 1 7
    0 |            0 |            0 |            0 |
```

59. 2. Hay que unir 100 con 50 – 50 con 25 – 32 con 16 – 30 con 15 – 60 con 30 – 48 con 24 – 24 con 12.
3. Para reunirse con Quintín tiene que seguir los siguientes números: 250 – 253 – 256 – 259 – 262 – 265 – 268 – 271 – 274 – 277 – 280 – 283 – 286 – 289 – 292 – 295 – 298 – 301 – 304 – 307 – 310 – 313 – 316 – 319 – 322 – 325.

Juegos para entrenar las operaciones matemáticas

Presentación

El aprendizaje de las matemáticas desarrolla la imaginación, el rigor y la precisión, así como el gusto por el razonamiento. Para los niños de 7 a 9 años, el estudio de los números y de las operaciones constituye un objetivo prioritario.

A los 7 años, el niño puede comenzar a conceptualizar y crear los razonamientos lógicos indispensables para abordar el aprendizaje del cálculo operatorio. Sin embargo, el objetivo del concepto o del razonamiento debe apoyarse aún en un soporte concreto.

El aprendizaje de las operaciones y el de los números están ligados estrechamente. Por eso, deben ser abordados conjuntamente. Pero no podrán ser estudiados con ejercicios aburridos, sino que hay que abordarlos por medio de situaciones lúdicas.

Las investigaciones en psicología cognitiva del desarrollo nos ha demostrado el interés del juego en la adquisición entre los niños pequeños. Es entonces cuando se pone en marcha el placer o la desconfianza con respecto a las matemáticas.

Este libro, apoyándose en situaciones simples, concretas y divertidas, permitirá que el niño se entrene a una primera práctica del cálculo abordando:
• el conocimiento de los números hasta 1.000;
• los dobles y las mitades;
• los cálculos de sumas, sustracciones, la búsqueda de complementos;
• las tablas de sumas y de multiplicación;
• la multiplicación y la división;
• el sentido de las operaciones, etc.

Consejos de utilización

Los juegos se presentan en dificultad creciente, por eso aconsejamos respetar el orden previsto en este cuaderno.

Para progresar, es mejor que el niño se entrene de manera regular sin sobrepasar el contenido de una página, eventualmente dos, a cada sesión.

Asegúrese de una buena comprensión de las consignas y las situaciones.

Deje que el niño tenga el tiempo suficiente para plantear su reflexión y su razonamiento. Vigile, sin embargo, que no se desaliente y relance su búsqueda con una ayuda apropiada.

Hable con él sobre el método utilizado para encontrar el resultado.

Aproveche también las situaciones de la vida cotidiana para permitir que el niño cuente o calcule.

Las actividades que proponemos en este Pequeño cuaderno han sido probadas con niños que han sentido un gran placer en realizarlas. Sin embargo, es importante que se consideren como un juego a realizar con el niño y no como un ejercicio obligatorio.

Título original: *Des jeux pour s'entraîner aux opérations*
© Éditions Retz, 2012
Realización: Laser Graphie
© de esta edición: Ediciones Urano, S.A.U.
© de la traducción: Tabita Peralta
Impreso por Macrolibros – Valladolid
DL: B-9.983-2017 / ISBN: 978-84-16972-11-1